BOEKANALYSE

AF156538

Sentimenteel onderwijs

· · · · · · · · · · · · · ·

GUSTAVE FLAUBERT

BOEKANALYSE

Geschreven door Pauline Coullet
Vertaald door Nikki Claes

Sentimenteel onderwijs

....

GUSTAVE FLAUBERT

FLAUBERT

FRANSE SCHRIJVER

- **Geboren in Rouen in 1821**
- **Overleden bij Rouen in 1880**
- **Opmerkelijke werken:**
  - *Salammbô* (1862), roman
  - *Sentimentele opvoeding* (1869), roman
  - *Bouvard en Pécuchet* (1881), onvoltooide roman

Gustave Flaubert werd geboren in Rouen in 1821. Hij had een passie voor schrijven en ontdekte zijn literaire roeping al heel jong. In 1841 ging hij naar Parijs om rechten te studeren, wat hij al snel opgaf. De auteur verhuisde vervolgens naar Croisset, aan de oevers van de Seine, en bezocht de literaire genootschappen van die tijd. Hij ontmoette er onder meer Charles Baudelaire (Franse dichter, 1821-1867), Ivan Toergenjev (Russische schrijver, 1818-1883), George Sand (Franse schrijver, 1804-1876) en Guy de Maupassant (Franse schrijver, 1850-1893), voor wie hij een rolmodel zou worden. Hij was een obsessieve perfectionist, verdedigde reflectieve literatuur en droomde ervan een 'boek over niets' te schrijven. Zijn werk, dat ook opvalt door de diepgang van de psychologische studie van de personages, is een voorloper van de vele evoluties die de roman in de 20th eeuw zou ondergaan. Flaubert stierf in 1880 en liet verschillende romans onafgewerkt en een schat aan brieven na.

SENTIMENTEEL ONDERWIJS

SCHRIJVENDE MIDDELMATIGHEID

- **Genre:** roman

- **Referentie-uitgave:** Flaubert, G. (1922) *Sentimentele opvoeding*. Trans. Knowlton Ranous, D. New York: Brentano's.

- **Eerste uitgave:** 1869

- **Thema's:** liefde, overgangsritueel, ontgoocheling, Frankrijk, revolutie, idealisme, mislukking

Flaubert schreef deze roman tussen september 1864 en mei 1869. Na lang aarzelen over verschillende mogelijke titels gebruikte hij bij gebrek aan beter die van een boek uit zijn jeugd, *Sentimentele opvoeding,* waaraan hij een ondertitel toevoegde: *Het verhaal van een jonge man*.

Na de publicatie was de ontvangst door critici koud; Barbey d'Aurevilly (Franse schrijver, 1808-1889) was zelfs vijandig. Alleen George Sand verdedigde de roman. Flaubert zou moeten wachten op auteurs als Émile Zola (Franse schrijver, 1840-1902) of Marcel Proust (Franse schrijver, 1871-1922), en critici als Thibaudet (Franse literatuurcriticus, 1874-1936) om zijn reputatie in de Franse literatuur te herstellen.

Gedeeltelijk geïnspireerd door episodes uit Flauberts privéleven, toont dit werk het onvermogen van een jongeman om lief te hebben en zijn plaats in de maatschappij te vinden.

SAMENVATTING

DEEL I

Hoofdstuk 1

1840. Frederick Moreau heeft zich ingeschreven bij de rechtenfaculteit in Parijs. Voordat de lessen beginnen, gaat hij zijn moeder opzoeken in Nogent. Tijdens de bootreis daarheen ontmoet hij Monsieur Arnoux en diens vrouw, op wie hij onmiddellijk verliefd wordt.

Hoofdstuk 2

Frederick ontmoet Deslauriers, een oude schoolvriend. Ze stellen zich opgewonden hun toekomst voor.

Hoofdstuk 3

1841. Vrijgezel en in Parijs droomt Frederick van Madame Arnoux. Hij probeert tevergeefs contact te leggen met de Dambreuses, socialisten uit de hogere klasse. De jongeman bezoekt twee andere studenten, Martinon en Markies de Cisy, maar raakt verveeld.

Hoofdstuk 4

Tijdens de studentenprotesten ontmoet Frederick Hussonnet en Dussardier. Op voorspraak van Hussonnet – die werkt voor *L'Art Industriel*, een tijdschrift van Jacques Arnoux – slaagt

Frederick erin Madame Arnoux weer te zien. Hij ontmoet ook Regimbart en Pellerin.

Hoofdstuk 5

1842-1843. Het idee om Madame Arnoux voor zich te winnen wordt een obsessie voor Frederick. Hij zakt voor zijn examens. Bij Deslauriers komt hij Jacques Arnoux tegen, vergezeld van een van zijn vermoedelijke minnaressen, Vatnaz. Frederick gaat weer aan het werk en slaagt voor zijn examens. Maar wanneer hij hoort dat zijn fortuin is verkwist, besluit de jongeman weer in de buitenwijken te gaan wonen.

Hoofdstuk 6

1843-1846. Frederick vindt een baan in Nogent en ontmoet Louise Roque. Een tijdige erfenis bezorgt hem een inkomen waarvan hij nooit had kunnen dromen. Hij verlaat Louise, die erg overstuur is, en keert terug naar Parijs.

DEEL II

Hoofdstuk 1

1845. In Parijs gaat Frederick op zoek naar Jacques Arnoux, maar vindt hem niet. Hij krijgt te horen dat hij verhuisd is en als aardewerkhandelaar is gaan werken. Wanneer hij Madame Arnoux na drie jaar afwezigheid weer ziet, stelt de jongeman vast dat ze veranderd is; ze heeft een zoontje. Maar zijn aantrekkingskracht tot haar blijft bestaan. Deslauriers van zijn kant heeft zijn studie opgegeven en vertoont socialistische neigingen; bovendien is hij van plan een militant tijdschrift op te richten. Arnoux neemt Frederick mee naar een gemaskerd bal waar hij hem voorstelt aan één van zijn maîtresses, Rosanette.

Hoofdstuk 2

1846-1847. Frederick wordt uitgenodigd in het appartement van de Dambreuses. Hij verneemt ook van de financiële moeilijkheden van Jacques Arnoux en spreekt erover met zijn vrouw, die de jongeman vraagt een oogje in het zeil te houden bij haar man. Arnoux bedriegt zijn vrouw echter met Rosanette, die financieel van hem afhankelijk is. Frederick zelf steekt zijn belangstelling voor de *lorette* (Frans woord voor prostituees in die tijd) niet onder stoelen of banken. Hij brengt zijn tijd vervolgens door tussen het huis van Arnoux, de kamer van Rosanette en het appartement van de Dambreuses.

Hoofdstuk 3

1847. Enerzijds luistert Frederick naar de klachten van Madame Arnoux over haar huwelijksproblemen, zonder haar zijn liefde te durven verklaren, want zij heeft hem tot haar vertrouweling gemaakt. Anderzijds is de jongeman nog steeds bevriend met Jacques Arnoux. Daarom probeert hij hem financieel te hulp te schieten, door hem geld te lenen dat hij had beloofd aan het tijdschrift van Deslauriers. Maar Jacques Arnoux betaalt hem niet terug. Wanneer Deslauriers om zijn geld vraagt, doet Frederick alsof hij het bij het gokken heeft verloren: de vriendschap tussen de twee mannen is geruïneerd. Nu hij alle hoop op een romantische ontmoeting met Madame Arnoux heeft verloren, richt Frederick zijn pijlen op Rosanette.

Hoofdstuk 4

Frederick sluit zich aan bij Rosanette in haar beruchte activiteiten. Zijn rivaliteit met Cisy, een andere minnares van de courtisane, leidt uiteindelijk tot een duel waarbij Cisy flauwvalt van schrik. Bij de Dambreuses maakt Frederick zichzelf te schande door een beroep te doen op de gevestigde orde. De jongeman keert terug naar Nogent.

Hoofdstuk 5

Net als hij op het punt staat met Louise Roque te trouwen, ontvangt Frederick brieven (van Monsieur Dambreuse, Rosanette en Deslauriers) die hem doen verlangen terug te keren naar de hoofdstad. De jongeman verlaat Louise weer en beweert dat hij zaken te doen heeft in Parijs.

Hoofdstuk 6

Eind 1847. Het politieke leven is onrustig. Frederick deelt eindelijk zijn gevoelens voor Madame Arnoux, maar hun relatie blijft platonisch. De jongeman vraagt haar voor een intieme ontmoeting, wat zij accepteert. Ze kan echter niet naar de ontmoeting gaan, omdat haar zoon ziek is. Wanneer hij beter wordt, belooft ze zich nooit aan overspel te onderwerpen. Teleurgesteld wordt Frederick weer de minnaar van Rosanette.

DEEL III

Hoofdstuk 1

In februari 1848 breekt de revolutie uit. Er wordt een voorlopige regering gevormd. Aangezien er parlementsverkiezingen op til zijn, stelt Monsieur Dambreuse aan Frederick voor zich kandidaat te stellen voor het kiesdistrict Nogent. Geschrokken van de anti-middenklasse ideeën van de jongeman, stelt Dambreuse zich vervolgens kandidaat in hetzelfde gebied en verslaat hem. Frederick wordt vervolgens uitgesloten van een congres van kleine politieke tegenstanders. Rosanette verwijt hem zijn revolutionaire neigingen. De jongeman neemt zijn geliefde vervolgens enige tijd mee naar Fontainebleau, waar hij haar gebreken inziet. Wanneer zij in juni 1848 terugkeren naar Parijs, hebben de reactionairen de overhand gekregen in de politieke strijd.

Hoofdstuk 2

Tijdens een diner met de Dambreuses wordt Frederick tegelijkertijd geconfronteerd met Louise en haar vader enerzijds en de familie Arnoux anderzijds. Louise komt te weten dat Frederick een relatie heeft met Rosanette. Wanneer de jongeman naar Rosanette gaat, benadert Louise hem en doet hem een huwelijksaanzoek: hij wijkt af. Midden in de nacht gaat Louise naar het huis van de man van wie ze houdt, maar de conciërge weigert haar de toegang.

Hoofdstuk 3

1849-1850. Omdat hij Madame Arnoux niet opnieuw voor zich kan winnen en Rosanette, die zwanger is geraakt, heeft verlaten, verleidt Frederick Madame Dambreuse, die zijn maîtresse wordt. Hij hoopt dat zij hem van nut zal zijn bij zijn pogingen de sociale ladder te beklimmen.

Hoofdstuk 4

1851. Nu ze weduwe is, stelt Madame Dambreuse Frederick ten huwelijk. Hij aanvaardt, terwijl hij zijn relatie met Rosanette, die net bevallen is, voortzet. Hij belooft eeuwige liefde aan beide vrouwen. Het pasgeboren kind sterft plotseling. We ontdekken dat het nichtje van Monsieur Dambreuse, Cécile, in feite zijn buitenechtelijke dochter is. De erfenis van de bankier gaat dus niet naar Madame Dambreuse.

Hoofdstuk 5

Als hij hoort dat de familie Arnoux volledig geruïneerd is, wil Frederick hen helpen, maar ze hebben Parijs al verlaten. De bezittingen van het echtpaar worden verkocht. Frederick beëindigt tegelijkertijd zijn relaties met Madame Dambreuse en Rosanette. Hij hoopt terug te gaan naar Louise Roque, maar zij gaat trouwen met Deslauriers. Ondertussen vindt de staatsgreep van Napoleon III plaats.

Hoofdstuk 6

Bijna 18 jaar later (1867) zien Frederick en Madame Arnoux elkaar weer. Na het delen van hun wederzijdse emotionele herinneringen nemen ze voorgoed afscheid van elkaar.

Hoofdstuk 7

1869. Frederick en Deslauriers zien elkaar weer. Ze verzoenen zich en beseffen dat ze hun jeugdambities niet hebben waargemaakt. Vervolgens leven ze hun leven als eenzame mannen uit de lagere middenklasse.

KARAKTERSTUDIE

FREDERICK MOREAU

De hoofdpersoon van de roman, Frederick, is 18 als de roman begint en 47 als het verhaal ten einde loopt. Zijn vader is gedood in een duel en zijn moeder heeft veel ambitieuze ideeën voor hem. Frederick is een romantische, maar besluiteloze jongeman, die bovendien de neiging heeft te treuzelen en te veel geld uit te geven. Hij begint een studie rechten, maar maakt deze niet af.

Zijn ondergang (aan het einde van het eerste deel) is een sleutelmoment: het is Frederick's kans om zichzelf een echt persoonlijk doel te stellen. Maar de onverwachte erfenis die hem ten deel valt, zet hem ertoe aan op dezelfde manier verder te leven: hij blijft zijn verantwoordelijkheden ontlopen.

De liefde van zijn leven zal altijd Madame Arnoux blijven, ondanks de minnaressen die hij verwerft (waaronder Rosanette en Madame Dambreuse):

> *"Hij mengde zich in de maatschappij en raakte gehecht aan vele vrouwen. Maar de voortdurende herinnering aan zijn eerste liefde maakte ze allemaal smakeloos; en bovendien was de heftigheid van het verlangen, de bloei van de sensaties verdwenen" (blz. 195).*

Als nietsnut uit de lagere middenklasse leeft hij van zijn privé-inkomsten, tot het einde van het laatste hoofdstuk.

MARIE ARNOUX

Jacques Arnoux's vrouw is 10 jaar ouder dan Frederick. Het verhaal toont haar tussen de leeftijd van 28 en 57 jaar. Ze heeft twee kinderen, een meisje en een jongen. Als rijke vrouw uit de middenklasse aan het begin van haar huwelijk, lijdt ze vervolgens onder de financiële tegenslagen van haar man. Nadat ze in Parijs heeft gewoond, huurt ze een woning in Auteuil, voordat ze naar Bretagne vlucht en vervolgens weduwe wordt.

Frederick ontmoet haar voor het eerst op een boot die hem naar Nogent, de *Ville-de-Montereau, brengt*. Hij valt onmiddellijk voor haar. Een romantische relatie tussen Frederick en Marie lijkt echter onmogelijk. Daar zijn verschillende redenen voor.

- Frederick idealiseert Marie te veel. Door haar op een voetstuk te plaatsen, maakt hij van haar een idool, een abstract wezen, te subliem om te bereiken:

  "Wat hij toen zag was als een visioen. Zij zat midden op een bank, helemaal alleen, althans zo leek het hem; hij kon niemand anders zien, verblind als hij was door haar ogen" (blz. 5).

  "Ze leek op de vrouwen waarover hij in romans had gelezen. Niets kon worden toegevoegd aan de charmes van haar persoon, en niets kon er van worden afgenomen. Het universum was plotseling groter geworden. Zij was het lichtpunt waarnaar alles samenkwam" (blz. 11).

- De moederlijke lucht die Madame Arnoux steeds blokkeert, verlamt de jongeman, die gevangen zit in een soort Oedipuscomplex ten opzichte van deze oudere vrouw. Deze blokkade duurt tot hun laatste ontmoeting:

> *"En toch voelde hij het volgende moment een onverklaarbare weerzin tegen de gedachte aan zoiets, en als het ware een angst om de schuld van incest te krijgen. Hij was ook bang dat een andere angst hem later in zijn greep zou krijgen. Bovendien, hoe gênant zou het zijn! – Hij liet het idee varen, deels uit voorzichtigheid en deels uit de wil om zijn ideaal niet te vernederen, en liep weg en rolde een sigaret tussen zijn vingers" (blz. 200-201).*

Bovendien is het haar rol als moeder die Madame Arnoux ervan weerhoudt naar de bijeenkomst in de Rue Tronchet te gaan: ze moet voor haar zoon Eugène zorgen, die erg ziek is.

- Marie Arnoux droomt alleen van rust en een vredig leven. Hoewel ze perfect op de hoogte is van de ontrouw van haar man, blijft ze hem trouw. En de liefde die ze uiteindelijk toegeeft aan Frederick is niet meer dan nostalgische genegenheid.

Volgens Flauberts critici was het personage van Marie Arnoux rechtstreeks geïnspireerd op Élisa Schlesinger, die Flaubert, toen hij nog rechten studeerde, in 1836 op een strand in Trouville had ontmoet.

ROSANETTE

Aanvankelijk is deze courtisane een van de minnaressen van Jacques Arnoux, voordat ze de minnares van Frederick wordt. Frederick weet heel goed dat zij andere minnaars heeft (waaronder Markies de Cisy). Maar Rosanette is slechts een uitlaatklep voor hem, om hem in staat te stellen zijn teleurstellingen door toedoen van Madame Arnoux te vergeten, of zelfs wraak te nemen.

De aanwezigheid van Rosanette wordt echter steeds belangrijker in het leven van Frederick: zij droomt van een middenklasse leven met hem. Ze krijgt zelfs een kind bij hem, dat echter niet overleeft. Het paar blijft enige tijd bij elkaar, maar Frederick besluit een einde aan haar te maken, omdat ze slechts een ijdele vervangster van Madame Arnoux is. De jongeman wijt de onzorgvuldige handelingen die zij verricht aan haar jaloezie op Madame Arnoux wanneer hij het uitmaakt.

DESLAURIERS

Deslauriers en Frederick Moreau kennen elkaar sinds hun schooltijd. Aan het begin van het verhaal is Deslauriers in zekere zin het alter ego van Frederick: beiden koesteren dromen van glorie.

Dit personage wil graag "een dagboek waarin hij zichzelf kan etaleren, zich kan wreken en zijn gal en meningen kan spuwen" (p. 195). Door een misverstand dat dit plan dwarsboomt, gaat de vriendschap tussen Deslauriers en Frederick kapot. De twee vrienden worden tegenstanders: Deslauriers beïnvloedt degenen die dicht bij Frederick staan negatief – hij adviseert Rosanette om juridische stappen te ondernemen tegen Jacques Arnoux en moedigt Madame Dambreuse aan om Arnoux' flat te verkopen. Bovendien trouwt hij met Louise Roque, de enige vrouw die ooit oprecht van Frederick heeft gehouden. Moreau en Deslauriers ontmoeten elkaar echter weer aan het einde van de roman. Ze vertellen dan over hun respectievelijke mislukkingen: Frederick is alleen en Louise heeft Deslauriers verlaten, die nu niet meer is dan een laaggeplaatste gemeenteambtenaar.

DE DAMBREUSES

Monsieur Dambreuse is een bankier, maar ook een scherp-zinnig en opportunistisch politicus. Gefascineerd door de luxe waarin dit echtpaar leeft, besluit Frederick Madame Dambreuse te verleiden, hoewel hij zich niet bijzonder tot haar aangetrokken voelt: hij vindt dat zij "een bloei heeft waarin geen schittering zat, zoals die van geconserveerd fruit" (p. 164). De verleiding lijkt gemakkelijk, maar Frederick begrijpt later dat ze het heeft laten gebeuren uit verveling. Als ze weduwe is, vraagt ze Frederick ten huwelijk. Ze krijgt niet de erfenis van haar man, die hij aan zijn nicht (die in wer-kelijkheid zijn biologische dochter is) heeft nagelaten.

ANALYSE

EEN STATISCHE JONGEMAN

Op het eerste gezicht lijkt de titel van het werk te wijzen op een coming-of-age roman, maar dat is het helemaal niet. In feite ontwikkelt de hoofdpersoon in *Sentimentele Opvoeding* zich niet. Frederick Moreau is niet eens een held. Hij is zeker een idealist, maar idealist zijn belet je niet om persoonlijke doelen te stellen en je in te zetten voor het bereiken van een bepaald doel, integendeel. Toch is Fredericks leven, verre van een gestaag en lineair pad, niets anders dan een saaie, repetitieve reeks gemiste kansen.

> *"Toen gingen ze ieder hun leven samenvatten.*
>
> *Ze hadden allebei gefaald in hun doel – de ene die alleen van liefde droomde, en de andere van macht.*
>
> *Wat was de reden hiervan?*
>
> *"Het is misschien omdat ik niet de juiste lijn heb gekozen,"* zei Frederick.
>
> *"In uw geval kan dat zo zijn. […]"'* (p. 205).

Dit personage staat in schril contrast met de vastberaden individuen van Stendhal (Franse schrijver, 1783-1842), Balzac (Franse schrijver, 1799-1850) of Hugo (Franse schrijver, 1802-1855): als zij op een mislukking stuitten, was dat tenminste omdat zij iets hadden geprobeerd. Als gevangene van zijn eigen passiviteit is Frederick de belichaming van nonchalance en inertie. Hij neemt nooit initiatief en anticipeert niet op gebeurtenissen, maar laat zich slechts meeslepen. Twee hypothesen kunnen dit verklaren:

- Ofwel is hij een overdreven romanticus die nooit in het heden is, die meer over zijn leven droomt dan het leeft en die genoegen neemt met wat in zijn verbeelding leeft zonder het ooit in echte daden om te zetten;

- Of hij is een lafaard die, voor de uitgestrektheid van alles wat mogelijk is, nooit daadkrachtig durft op te treden. Geobsedeerd door zuiverheid en perfectie is hij bang iets fout te doen of slechte beslissingen te nemen. Het idee van misleiding beangstigt hem en hij is afkerig van enige inspanning. Bij twijfel geeft hij altijd op.

Kortom, Frederick komt nergens aan toe en stagneert permanent. Tussen het begin en het einde van de roman gebeurt niets opvallends of opmerkelijks. Er is geen plot in de strikte zin van het woord.

FREDERICKS MISLUKKINGEN

Deze logica van het falen beheerst elk gebied van het leven van de jongeman: liefde, overtuigingen en gedrag. Frederick draait rondjes in een impasse, hij zit vast.

Een stille liefde

Frederick blijkt niet in staat om wederzijdse gevoelens van Marie Arnoux te ontvangen. Hij stelt zijn verklaring voortdurend uit:

> *"Sinds de ochtend had hij gezocht naar de gelegenheid om zich te verklaren; nu was het zover. Bovendien leken de spontane bewegingen van*

> *Madame Arnoux hem beloften in te houden [...]. Maar toen hij naast haar zat, begon hij zich opnieuw in verlegenheid te brengen. Hij had geen beginpunt meer" (p. 256).*

De jongeman kan zichzelf wel verzekeren dat hij zal handelen, maar zijn pogingen worden altijd afgebroken. Heeft hij er geen zin in? Of spreekt het idee van de liefde hem meer aan dan het ding zelf? We kunnen in ieder geval zien dat deze stand van zaken zijn verbeelding stimuleert:

> *"[...] hij droomde van het geluk met haar samen te leven, haar te 'jeen' en 'thouen', zijn hand langdurig over haar hoofdbanden te laten gaan, of in geknielde houding op de grond te blijven zitten, met beide armen om haar middel geslagen, om haar ziel door zijn ogen op te drinken. Om dit te bereiken zou het noodlot moeten worden overwonnen; en dus, niet in staat tot actie, God vervloekend en zichzelf beschuldigend van lafheid, bleef hij rusteloos bewegen binnen de grenzen van zijn hartstocht, zoals een gevangene zich in zijn kerker blijft bewegen" (blz. 90).*

Hij meet ongetwijfeld ook de verschillen tussen hen en worstelt met de mogelijke desillusies die uit hun relatie zouden voortvloeien.

Wat de reden ook is, Frederick denkt altijd aan liefde als iets dat zou kunnen gebeuren, in plaats van iets dat zal gebeuren of gebeurt. Uiteindelijk leidt dit uitstelgedrag tot schadelijke frustraties door onbevredigde passie. Omdat hij de enige vrouw van wie hij houdt niet kan krijgen, wendt de jongeman zich tot vervangers: Rosanette en Madame Dambreuse, en niet te vergeten Louise Roque.

Uiteindelijk, tijdens de laatste ontmoeting tussen Frederick en de vrouw van wie hij houdt, vervangt een melancholische nostalgie deze pathologisch uitstel. Tegelijkertijd zal Frederick zijn liefde nooit in het heden hebben kunnen beleven. Bij hun laatste ontmoeting spreken de twee personages namelijk in de voltooid toekomende tijd: "Maakt niet uit; we zullen elkaar echt hebben liefgehad!". (p. 198).

Het laatste hoofdstuk onthult dus een andere gebeurtenis, die plaatsvond vóór de plot van de roman: als adolescenten waren Frederick en Deslauriers niet dapper genoeg om een bordeel binnen te gaan en liepen ze weg. In zekere zin was deze gemiste kans een voorbode.

Kan niet schrijven

Frederick is een fervente lezer en wil graag schrijven, maar hij slaagt er nooit in zijn verbeelding te beheersen of af te maken wat hij begint te schrijven: *Sylvio, de Visserszoon* en een *Geschiedenis van de Renaissance*. Ook besluit hij een hele set schilderspullen te kopen die hij nooit zal gebruiken.

Onwetend over politiek

De jongeman, die beweert ambitieus te zijn, ziet de tumultueuze gebeurtenissen van zijn tijd als een eenvoudige toeschouwer, alsof het hem niet raakt. Hij maakt geen gebruik van de omstandigheden om te protesteren, hij grijpt nooit de kans om te schitteren. Bovendien begrijpt hij niets van publieke zaken en de opstanden van 1848 laten hem perplex staan: "Frederick kon van zijn leven de noodzaak van zoveel rancune en venijnige taal niet begrijpen" (p. 192). Ondanks een tijdelijke opleving van zijn belangstelling voor politiek, wordt Frederik uiteindelijk verslagen door Monsieur Dambreuse.

Het duel dat Frederick en Cisy moeten voeren, zou Fredericks kans zijn om zijn eer te bewijzen. Maar dit duel wordt op een belachelijke manier onderbroken: nog voor het gevecht begint, valt Cisy flauw.

EEN GENERATIE VERLIEZERS

Gefascineerd door middelmatigheid presenteert Flaubert niet slechts één talentloze jongeman, maar een hele generatie domme en onervaren jongemannen. Het zijn uitgewassen personages die fungeren als spiegels van Fredericks domheid:

- Deslauriers, zijn sociaal klimmende kameraad die niets anders doet dan de verlangens van zijn alter ego imiteren en ook alleen maar bekend is met falen;

- Jacques Arnoux, een lompe, genotzoekende man, wiens financiële mislukkingen de plot van de roman van begin tot eind onderbreken;

- Pellerin, een mislukte kunstenaar die niet in staat is te creëren – hij slaagt er zelfs niet in het portret van het kind van Rosanette te schilderen – en genoegen neemt met het imiteren van de grote kunstenaars, ogenschijnlijk om de geheimen van de esthetiek te vinden, en die eindigt als fotograaf;

- Sénécal, een pompeus individu dat politieagent wordt om zijn verlangen naar dominantie te bevredigen;

- Dussardier, een opgewonden revolutionair die wordt vermoord door Sénécal, zijn vroegere vriend.

Alleen Martinon heeft succes, want hij trouwt met de rijke nicht van Dambreuse en wordt senator.

Sommigen zien deze personages uit de lagere middenklasse als de producten van een maatschappij waarvan ze zich niet kunnen losmaken, hoe graag ze dat ook zouden willen: in die revolutionaire tijd werden de beloften van sociale verandering onvermijdelijk geblokkeerd door het conservatisme van het klassensysteem. De hier geportretteerde personages maken dus deel uit van een generatie die verscheurd wordt tussen idealisme, schroom en ontgoocheling.

EEN SCHRIJFSTIJL NAAR HET VOORBEELD VAN HET ONDERWERP

De auteur erkent dat hij een voorliefde heeft voor passieve personages. En zijn manier van schrijven past bij hen: Flaubert is een schrijver die de tijd neemt; hij schrijft en beschrijft zowel de traagheid van handelingen als van geesten. Of het nu opzettelijk of intuïtief is, de schrijfstijl is gemodelleerd naar zijn onderwerp:

- De verteller komt niet vaak tussenbeide; hij leidt het verhaal niet. We zien niemand aan de touwtjes van het verhaal trekken (aangezien er geen plot is). Integendeel, alles wordt duidelijk getoond; de scènes getuigen dus van zichzelf.

- Beschrijvingen zijn er in overvloed. Om de passiviteit van Frederick te benadrukken, geeft Flaubert de voorkeur aan beschrijvingen: hun overvloed en de hoeveelheid alledaagse details die ze bevatten, blijken noodzakelijk om de stilstand van de jongeman te begrijpen. In zekere zin geeft

Flaubert de situatie meer diepte. Het gewicht van deze beschrijvingen verklaart het gebrek aan succes van het werk toen het werd gepubliceerd: het toenmalige publiek kon niet accepteren dat actie en personages niet op de voorgrond stonden. Bovendien waagt de verteller zich niet aan commentaar wanneer de scènes zich ontvouwen. Maar deze beschrijvingen zijn niet volledig objectief of onpersoonlijk. De oplettende lezer kan namelijk in de hele roman merken dat Flaubert bepaalde woorden eerder gebruikt dan andere, aanwijzingen dat de auteur de lezer uitnodigt om afstand te houden en zelf te beoordelen wat zich onder zijn neus afspeelt: de ironie kan dus zwaarder wegen dan de beschrijvingen zelf. Sommige critici van het werk menen dat deze beschrijvingen inherent zijn aan de zienswijze van de jongeman. Frederick, die niet in staat is het essentiële van het bijkomstige te onderscheiden, zou alles wat hij waarneemt aankondigen, zelfs de kleinste details.

- De syntaxis zelf geeft een indruk van lethargie. Ten eerste overstemmen de vele bijwoorden en tegenwoordige deelwoorden elke actie. Ten tweede doet Flaubert er alles aan om het ritme van zijn zinnen te verlengen: deze worden vaak vertraagd door komma's of opgerekt door nevenschikkingen en voegwoorden. Verkortingen zijn zeer zeldzaam en tijdsveranderingen zijn altijd zeer nauwkeurig ("twee maanden later", "vijf maanden verder").

VERDERE REFLECTIE

ENKELE VRAGEN OM OVER NA TE DENKEN...

- Onderzoek de reizen die Frederick onderneemt tussen Nogent en Parijs. Wat illustreren ze?

- Waarom introduceert Flaubert volgens u het personage Deslauriers? Welk doel dient hij?

- Vergelijk deze twee vriendenparen: Frederick en Deslauriers met Dussardier en Sénécal.

- In hoeverre verzet het personage van Martinon, theoretisch ongevaarlijk, zich tegen alle plannen van Frederick Moreau?

- Historische gebeurtenissen (rellen, opeenvolgende politieke onlusten, een staatsgreep) vinden gelijktijdig plaats met het hoofdverhaal, zonder er ooit invloed op te hebben. In hoeverre zijn deze historische gebeurtenissen symbolisch verspreid door het verhaal? Zoek de verbanden tussen de gebeurtenissen van de ene en de andere.

- Vergelijk het leven van Frederick met de biografie van Flaubert. Hebben ze elementen gemeen?

- Bestudeer *Madame Bovary* en *Bouvard en Pécuchet*. Vergelijk de hoofdpersonen van deze romans met Frederick Moreau. Lijken ze op elkaar? Over wat voor soort individu schrijft Flaubert graag?

- Leg uit in hoeverre de temperamenten van de volgende personages met elkaar in tegenspraak zijn: Frederick Moreau, Julien Sorel (uit Stendhal's *De rode en de zwarte*) en Rastignac (Balzac's *Père Goriot*).

- Hoe zou het leven van Frederick Moreau eruit hebben gezien als hij de erfenis van zijn overleden oom niet had gekregen? Stel je zijn relaties met de andere personages, zijn omgeving en zijn mogelijke persoonlijke doelstellingen voor. Geef redenen en voorbeelden om je analyse te ondersteunen.

VERDER LEZEN

REFERENTIE-UITGAVE

Flaubert, G. (1922) *Sentimentele opvoeding*. Trans. Knowlton Ranous, D. New York: Brentano's.

REFERENTIESTUDIES

Beaumarchais, J.-P. en Couty, D. eds. (2001) L'Éducation sentimentale. *Dictionnaire des Grandes Œuvres de la littérature française*. Parijs: Larousse-VUEF, p. 395-398.

Dantzig, C. (2005) Flauber (Gustave). *Dictionnaire égoïste de la littérature française*. Parijs: Grasset, p. 361-367.

Cogny, P. (1975) *L'Éducation sentimentale de Flaubert. Le monde en creux*. Parijs: Larousse.

*We horen graag van jou! Laat
een reactie achter op jouw online bibliotheek
en deel je favoriete boeken op social media!*

Waarom kiezen voor Must Read?

Kom alles te weten over een boek met onze beknopte en diepgaande samenvattingen en analyses!

Ontdek het beste uit de literatuur in een compleet nieuw licht!

www.50minutes.com

De uitgever garandeert de betrouwbaarheid van de gepubliceerde informatie, die echter niet onder zijn verantwoordelijkheid valt.

www.50minutes.com

Master ISBN: 9782808688840
Papier ISBN: 9782808610247
Wettelijk depot: D/2023/12603/1304

Omslag: © Primento

Digitaal ontwerp: Primento, de digitale partner van uitgevers.